GIULIA VETRI

ANTARKTIS

DIE ENTDECKUNG EINES UNBEKANNTEN KONTINENTS

EINLEITUNG

Wenn ich mir den abgelegensten Ort der Welt vorstelle, kommt mir eine verlorene Insel inmitten des Ozeans in den Sinn. Eine Insel, die so klein ist, dass sie sich sogar dem künstlichen Auge der Satelliten entzieht. Vielleicht auch ein winziger Punkt im Bermudadreieck, den ein Schleier des Mysteriums umgibt. Oder ein geheimer Ort, versteckt in den Tiefen des Ozeans, wo es nur unbekannte Fische und Unterwasserstädte gibt ... Aber was, wenn der geheimnisvollste Ort der Erde dagegen gar nicht versteckt, sondern schon immer auf der Landkarte zu finden war? Eine endlose Eisfläche, eine Insel, doppelt so groß wie Europa, der letzte vom Menschen erforschte Kontinent. Das Land der Pinguine, Robben und Wale am Horizont: die Antarktis.

INHALT

Alle Worte mit * findest du im Glossar.

DIE ANTIPODEN

Lange Zeit dachte man, dass es in der südlichen Hemisphäre*, unterhalb der Äquatorlinie, einen einzigen großen Kontinent gibt.
In der Antike stellten die Griechen als Erste die Hypothese seiner Existenz auf. Sie wussten bereits, dass die Erde eine Kugel ist. Sie kannten auch die kalten Regionen des Nordens und nannten sie Arktis, was »Bär« bedeutet. Dieser Name leitet sich nicht von dem Tier ab, sondern von dem Sternbild in der Nähe des Himmelsnordpols, dem Kleinen Bären. Die Gelehrten stellten sich daher ein Land gegenüber dem Nordpol vor, weil sie annahmen, dass unser Planet ein Gegengewicht benötige, damit er nicht umkippt und fällt. Dieses Land am unteren Rand wurde Antarktis genannt, das heißt das Land »gegenüber der Arktis«. Später wurde dieser imaginäre Kontinent auf allen Karten dargestellt und als *Terra Australis*, *Terra Incognita* oder Großes Südliches Land bezeichnet. Man glaubte, dass dieses unbekannte und riesige südliche Land von brodelnden Meeren umgeben ist, von schrecklichen Monstern bewacht und von Menschen bewohnt wird, die mit den Füßen in der Luft gehen. Erst 1890 erschien es auf den Karten unter dem Namen, den ihm die Griechen gaben, und unter dem wir es heute kennen: die Antarktis.

Kreuz des Südens

Der Begriff »Antipode« stammt aus dem Altgriechischen und bedeutet »Gegenfüßler, dessen Füße unseren gegenüberstehen«. Er soll darauf hinweisen, dass die Bewohner auf der gegenüberliegenden Seite der Erde »anders herum« gehen.

WIE UNS DIE STERNE FÜHREN

Auf offenem Meer oder inmitten riesiger Weiten, ohne Orientierungspunkte, haben sich die Menschen seit jeher nach den Sternen gerichtet. Je nachdem, ob man sich südlich oder nördlich des Äquators befindet, sieht man nicht dieselben. Auf der südlichen Hemisphäre ist das Kreuz des Südens das bestimmende Sternbild. Befindet man sich auf der nördlichen Hemisphäre, sucht man nach dem Nordstern. Er ist der hellste Stern im Sternbild des Kleinen Bären, unweit des Großen Bären.

DIE GEOGRAFIE DES PTOLEMÄUS

Die Schriften des Ptolemäus stammen aus dem 2. Jahrhundert, aber seine Darstellung von Himmel und Erde blieb bis ins 16. Jahrhundert das grundlegende Modell: Südlich der bewohnten und bekannten Welt, der sogenannten Ökumene, zeigte es ein unerforschtes Land. Dort sollte es so warm sein, dass kein Mensch überleben konnte. Ptolemäus ging davon aus, dass dieses Land die südliche Grenze des Indischen Ozeans bildete. Auf den Karten wurde dieses Gebiet, das noch nie jemand gesehen hatte, *Terra australis incognita* genannt, was »unbekanntes südliches Land (jenseits des Äquators)« bedeutet.

Seefahrer und Entdecker berechneten den Breitengrad, indem sie die Höhe zwischen der Sonne oder dem Nordstern und dem Horizont maßen.

Jeder Punkt auf der Erdoberfläche hat zwei Koordinaten, das heißt zwei Ziffernfolgen, die seine genaue Position auf unserem Planeten festlegen: Breitengrad und Längengrad.
Wenn man sich vorstellt, dass die Erde in zwei Teile geteilt ist, wird der obere Teil die Nordhalbkugel und der untere Teil die Südhalbkugel genannt. Die Linie, die sie trennt, ist der Äquator, der sich auf Breitengrad Null befindet. Breitengrade, auch geografische Breite genannt, sind die horizontalen Linien, die auf Karten zu sehen sind.
Die vertikalen Linien, die den Längengrad angeben, sind die Meridiane.

Die Chinesen haben den Kompass zwei Jahrhunderte vor unserer Zeitrechnung erfunden.
Aber erst im 16. Jahrhundert, lange vor den europäischen Seefahrern, begannen sie damit, ihn als Navigationsinstrument einzusetzen.

DER WELT

Das Theatrum Orbis Terrarum *(Weltbühne) war der erste moderne Atlas, der 1570 erschien.*

Die Magellanstraße, an der südlichsten Spitze Amerikas, wurde nach dem Portugiesen Ferdinand Magellan benannt, der die erste Passage zwischen dem atlantischen und dem pazifischen Ozean entdeckte.

Magellan glaubte, an der Küste Lagerfeuer der Ureinwohner zu sehen und nannte dieses neue Gebiet »Feuerland«.

Man nahm an, dass die Terra Australis Incognita *mit Südamerika verbunden war.*

Die Terra Australis *war ein Fantasieort, von dem man meinte, dass die dort ansässigen Einheimischen im Müßiggang lebten.*

»Ich würde mich lieber eine Stunde mit einem Einheimischen der Terra Australis Incognita *unterhalten als mit dem größten Wissenschaftler Europas.«*
Maupertuis, französischer Wissenschaftler (1698–1759)

Der Name des Landes, das wir heute Amerika nennen, geht auf einen seiner ersten Entdecker, Amerigo Vespucci, zurück.
Amerigo erkannte, dass diese von Christoph Kolumbus entdeckten Gebiete nicht zu Asien, sondern zu einem neuen Kontinent gehörten.

Der größte Navigator zu Beginn des 15. Jahrhunderts war der Chinese Zheng He. Vor den großen europäischen Erkundungen führte dieser muslimische Eunuch und Admiral der kaiserlichen Flotte sieben beeindruckende Expeditionen durch und verkörperte die Spitze der chinesischen Seemacht.

Im Mittelalter glaubte man in Europa, dass die Vorstellung, dass die Erde rund sein kann und vor allem, dass sie sich um die Sonne dreht und nicht umgekehrt, den christlichen Lehren widerspreche. Erst im 16. Jahrhundert flammte das Interesse an der Wissenschaft erneut auf und man unternahm wieder Entdeckungsreisen.

PINGUINE

Subantarktische Pinguine leben nicht auf dem antarktischen Kontinent, sondern in den Nachbarregionen. Unter ihnen ist auch der Papuanische Pinguin (Eselspinguin). Sein Name bezieht sich auf Papua-Neuguinea, obwohl es in diesem Land keine Pinguine gibt.

Der Hauben- und Schopfpinguin – oder Goldschopfpinguin – ähneln einander, aber der Haubenpinguin ist kleiner und dünner. Der Macaronipinguin verdankt seinen Namen den Macaroni, extravaganten jungen Engländern des 18. Jahrhunderts, die nach Italien reisten: Sie bedeckten ihr Haar mit seitlich hochgezogenen Toupetperücken, die den Federbüschen sehr ähnlich sind, jenen gelben Federn, die sich oberhalb der Pinguinaugen befinden.

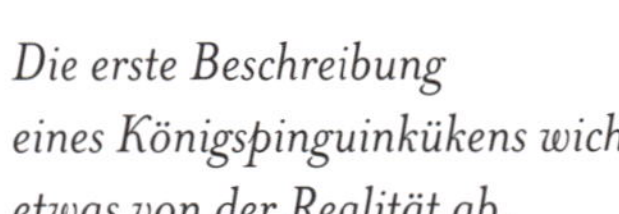

Die erste Beschreibung eines Königspinguinkükens wich etwas von der Realität ab.

In den Reiseberichten erwähnten die Entdecker eine sehr seltsame Art, die mit wolligem Fell bedeckt war. In Wirklichkeit handelte es sich nicht um eine neue Art, sondern nur um Königspinguinküken, die im Daunenkleid waren und noch kein erwachsenes Gefieder hatten.

Äquator

ATLAS

Ende des 15. Jahrhunderts umsegelte der Portugiese Vasco da Gama das Kap der Guten Hoffnung an der Südspitze Afrikas und erreichte so Indien. Einige Jahre zuvor war das Kap bereits von Bartolomeu Dias umrundet worden. So konnte bewiesen werden, dass der Indische Ozean nicht, wie bisher angenommen, durch das Festland abgeschlossen war.

Trotz ihrer Ähnlichkeit dürfen Pinguine nicht mit Alkenvögeln verwechselt werden, die auf der Nordhalbkugel leben und fliegen können. Denn dank ihrer Flügel können Pinguine zwar ausgezeichnet schwimmen und tauchen, aber nicht fliegen.

Die ersten Erforscher der südlichen Meere entdeckten ein Tier, das noch nie zuvor jemand gesehen hatte. Es hatte Federn wie ein Vogel, schwamm wie ein Fisch und bewegte sich wie ein Landtier. So war zunächst unklar, welcher Kategorie es zugeordnet werden sollte, dann wurde jedoch beschlossen, es als Vogel zu betrachten, da nur Vögel Federn haben.

DIE TOSENDEN VIERZIGER

Zwischen dem 40. und 50. südlichen Breitengrad entstehen die gefährlichsten Stürme des Planeten. Hier treffen die eisigen Gewässer der Antarktis und die wärmeren Gewässer der Umgebung aufeinander. Wellen und starke Winde stoßen selten auf Land, das sie abbremsen könnte. Die Engländer nannten diese Breitengrade die »tosenden Vierziger« und die »heulenden Fünfziger« wegen des eigentümlichen Grollens, das der Wind in den Segeln der Schiffe hervorrief.

ABER GIBT ES SIE WIRKLICH?

1578 musste Francis Drake, Seefahrer, Politiker und Freibeuter*, der als erster Engländer die Welt umrundet hatte, am Ende der Magellanstraße einen schrecklichen Sturm überstehen. An Bord seines Schiffes wurde er so weit nach Süden getrieben, wie kein anderer Entdecker vor ihm. Nach seiner Rückkehr schwor er dennoch, dass er kein südliches Land am Horizont gesehen hatte.

Dank zahlreicher Erkundungsreisen im 17. Jahrhundert wurde immer deutlicher, dass Feuerland mit keinem anderen größeren Gebiet im Süden verbunden war.
Nach der Entdeckung Tasmaniens, Neuseelands und schließlich Australiens kamen sogar Zweifel an der Existenz der großen *Terra Australis Incognita* auf. Zumindest glaubte man, dass sie wahrscheinlich viel weiter entfernt und kleiner war, als Ptolemäus es sich vorgestellt hatte.

Terres australes

Neu-holland

DIE GEISTERINSEL

1738 war Jean-Baptiste Charles Bouvet de Lozier auf der Suche nach neuem Land jenseits der Südspitze Afrikas, als er sich in einem unbekannten Gewässer befand, in dem gewaltige Eisblöcke auftauchten.
Er überquerte als erster Mensch den 54. Breitengrad und sah auf dieser Reise die »Geisterinsel«.
Es heißt, dass diese Insel vor den Augen verschiedener Seefahrer mehrmals erschien und verschwand, oft umgeben von dichtem Nebel und von Eis bedeckt.
Erst 1898 bestimmte eine deutsche wissenschaftliche Expedition die genauen Koordinaten und entdeckte so tatsächlich die Insel, die in Bouvetinsel umbenannt wurde.

Australien war Teil der unbekannten südlichen Länder und auf den Karten wurden nur die wenigen erforschten Küstenstriche dargestellt, die übrige Fläche wurde als großer weißer Fleck abgebildet, der der Fantasie viel Raum ließ.

JAMES COOK UND DIE JAGD

Der antarktische Polarkreis ist der Breitenkreis, der diese Polarregion umschließt. James Cook überquerte ihn am 17. Januar 1773 als erster Mensch an Bord seines Schiffes *Resolution*. Er bereiste die Antarktis, ohne jemals den Kontinent zu Gesicht zu bekommen, dabei entdeckte er allerdings die Südlichen Sandwichinseln. Als James Cook nach England zurückkehrte, beschrieb er die vielen Wal- und Robbenkolonien in den eisigen Gewässern so anschaulich, dass sich zahlreiche Jäger auf eine wilde Suche nach diesen armen Tieren begaben. So wurde Terra Australis vermutlich von Jägern entdeckt, die weniger Interesse an der Geografie dieser unerforschten Gebiete hatten, als vielmehr an der Verfolgung der dort lebenden Tiere.

Eisberge sind schwimmende Eisbrocken. Der Teil, der über der Wasseroberfläche zu sehen ist (oder die Spitze), ist winzig im Vergleich zu dem Teil, der sich unter Wasser verbirgt (der Kiel).

Robbenfett und Walöl wurden als Brennstoff und Schmiermittel verwendet, zur gleichen Zeit wurde das Tragen von Robbenfellen modern.

Innerhalb von 50 Jahren wurden ganze Robbenkolonien abgeschlachtet, zahlreiche Arten dezimiert und waren vom Aussterben bedroht. Heute beträgt der Anteil der Wale nur noch 1 % vom Bestand der zu Beginn des 20. Jahrhunderts lebenden Tiere. Auch der Blauwal, das größte Lebewesen des Planeten, gehört einer vom Aussterben bedrohten Spezies an.

Der Südliche See-Elefant ist die größte der bekannten Robbenarten, aber sicherlich nicht die anmutigste. Das Männchen kann bis zu 4 Tonnen wiegen und verdankt seinen Namen dem als Nase dienenden Rüssel.

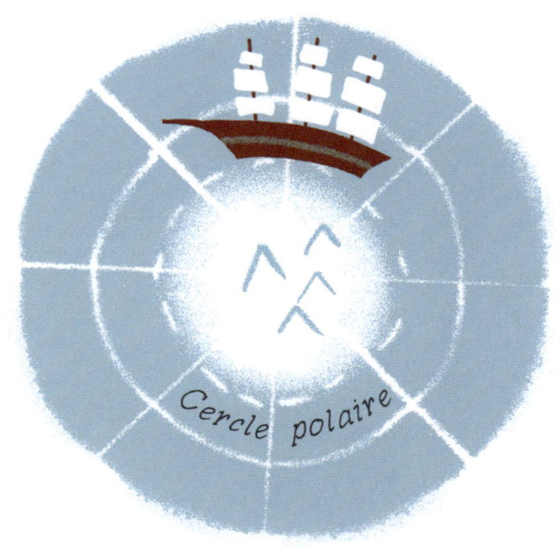

ENDERBY UND DER POTTWAL

Entdecker gaben dem Land, das sie entdeckt hatten, oftmals ihren Namen, den ihrer Auftraggeber oder ihrer Reeder. Kapitän John Biscoe benannte das Enderbyland nach der Walfanggesellschaft, die ihn beschäftigte. Diese war zu ihrer Zeit so berühmt, dass sie sogar in Herman Melvilles Roman *Moby Dick* erwähnt wurde.

Einige Walarten im Südpolarmeer. An ihren Flossen kann man sie unterscheiden.

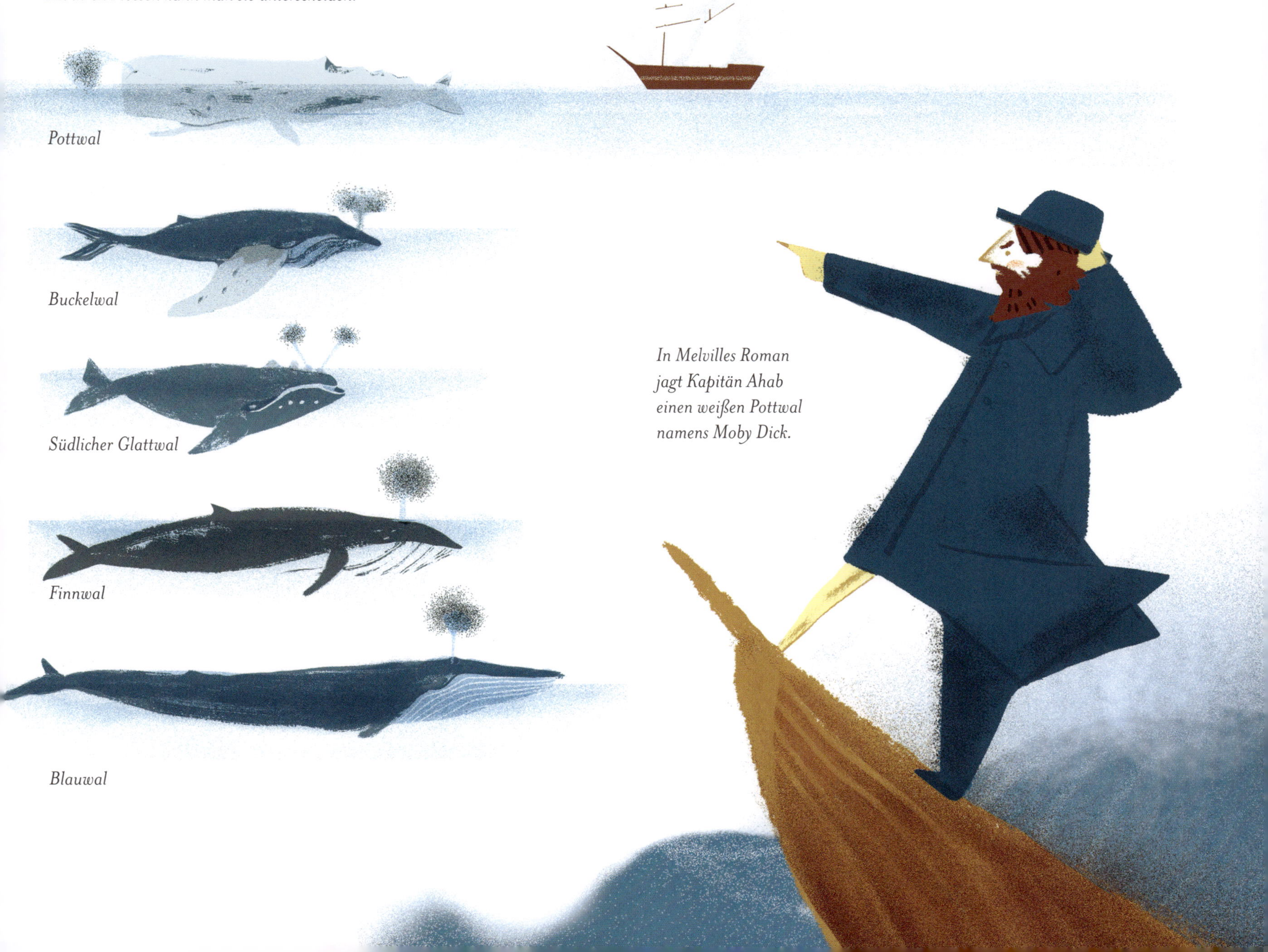

Pottwal

Buckelwal

Südlicher Glattwal

Finnwal

Blauwal

In Melvilles Roman jagt Kapitän Ahab einen weißen Pottwal namens Moby Dick.

LAND!

Erst 1820, als sich die russische Expedition unter der Leitung von Fabian Gottlieb von Bellingshausen an Bord der *Wostok* und *Mirny* seinen Ufern näherte, wurde der antarktische Kontinent endlich gesichtet. Im folgenden Jahr entdeckte Bellingshausen die ersten Inseln jenseits des antarktischen Polarkreises: eine kleine, eisbedeckte Insel, die er Peter I. nannte, zu Ehren von Peter dem Großen, und eine größere vor der antarktischen Halbinsel, der er den Namen des regierenden Zaren, Alexander I., gab.

Die Amerikaner behaupten, dass der Robbenfänger Nathaniel Palmer(1), und nicht Bellingshausen(2), der Erste war, der die antarktischen Küsten sah. Jedenfalls wurden beiden Männern zu Ehren Briefmarken mit ihren Namen ausgegeben. Und es gibt sogar noch einen dritten Mann, der diesen Status für sich in Anspruch nehmen kann: Der britische Marinekapitän Edward Bransfield.

1.

2.

»Ich glaube, dieses südliche Land ist ein Kontinent«, schrieb John Davis, als er am 7. Februar 1821 einen Fuß auf antarktischen Boden setzte. Dabei handelt es sich um die erste bekannte Anlandung in der Geschichte, aber höchstwahrscheinlich hatten zur gleichen Zeit auch andere Jäger die Antarktis betreten.

MEEREIS

Meereis entsteht, wenn unter dem Einfluss der Kälte das Oberflächenwasser gefriert und den Ozean mit einer Eiskruste bedeckt, die sich allmählich verdichtet.

MEEREISTYPEN

Ab einer Temperatur von –1,86 °C bilden sich auf dem Meer die ersten Eiskristalle. In dieser zerbrechlichen Phase nennt man das Meereis **Frazil-Eis**.

Durch Wind und Strömung verdichten sich die Frazil-Kristalle zu Eisflächen, die wie riesige schwimmende Ölflecken oder **öliges Eis** aussehen.

Wenn die Wetter- und Meeresbedingungen ruhig sind, formieren sich die Eiskristalle zu gleichmäßigen Flächen mit öliger Erscheinung, den sogenannten **Nilas**. An ihrer Farbe (von sehr dunkel – fast schwarz – bis zu einem mehr oder weniger hellen Grau) kann man erkennen, wie dick sie sind.

Bei rauerem Seegang verdichten sich die Kristalle in wenigen Stunden zu Scheiben, dem sogenannten **Pfannkucheneis**.
Die von Wind und Wellen angetriebenen »Pfannkuchen« verbinden sich zu einer durchgehenden Eisschicht.

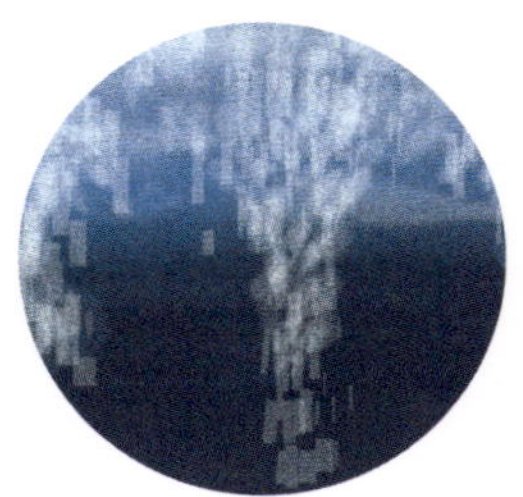

Diese Eisschicht verdickt sich dann allmählich durch die Anhaftung neuer Kristalle von unten, die manchmal Säulen bilden. Auf diese Weise kann das **Packeis** 2 bis 3,5 Meter dick werden.

Festeis ist Meereis, das fest an einer Küste oder einem riesigen Eisberg verankert und daher weitaus stabiler ist als Treibeis.

Dort, wo das Meereis entsteht, unterhalb des 55. südlichen Breitengrades, fliegen Schneesturmvögel besonders gerne zwischen den großen Eisbergen umher.
Ihr Gefieder ist so hell, dass man sie kaum zwischen den Eisblöcken erkennen kann. Nur ihre kreisförmigen Flugbahnen verraten, dass sie da sind.

Unter dem Einfluss der Schwerkraft erstreckt sich die polare Eiskappe bis zum Rand des Kontinents und gleitet über den Ozean, wobei sie **Schelfeis * (oder Plattformen)** bildet und sich zu Gletschern formt, die auf dem Wasser treiben, aber mit der Küste verbunden sind.

DIE POLARKAPPE

Der gigantische Gletscher*, der die Antarktis bedeckt, wird Polarkappe oder Eisschild genannt. Diese Schicht ist mehrere Millionen Jahre alt und somit älter und größer als die Eisschicht von Grönland im Norden. Es handelt sich also nicht um Meereis, da es nicht auf dem Wasser schwimmt, sondern Land bedeckt.

Vor dem Schelfeis ragen **Eisberge**, diese schwimmenden Eisblöcke, aus dem Wasser. Ihre Formen entstehen unter dem Einfluss von Wind, Wasserbewegungen und Temperaturschwankungen. Die jüngsten Eisberge erkennt man an den noch glatten Seiten, die Kanten der ältesten sind ziemlich zerklüftet.

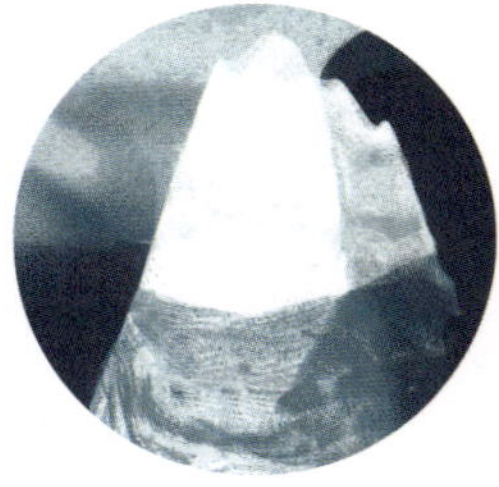

DAS ROSSMEER

Es gilt als das letzte (fast) intakte marine Ökosystem* der Erde und beherbergt eine außergewöhnliche biologische Vielfalt. Mehr als die Hälfte des Rossmeeres ist von einer dicken, permanenten Eisschicht, dem Ross-Schelfeis, bedeckt, die sich über fast 500.000 Quadratkilometer erstreckt.

Der Seeleopard und der Schwertwal sind die beiden größten Fressfeinde von Pinguinen.

KRILL

Kleine, garnelenartige, bis zu 65 Millimeter große Krebstiere sind Krill, was auf Norwegisch »Fischbrut« bedeutet, und eine der häufigsten Tiergruppen der Welt wie auch ein wesentliches Glied in der Nahrungskette ist.
Krill ist das Hauptnahrungsmittel für viele antarktische Arten wie Wale, Robben, Pinguine, Fische, Vögel und Tintenfische. Diese Kette könnte aus dem Gleichgewicht geraten, wenn der Krill-Bestand durch globale Erwärmung oder Überfischung durch den Menschen zu sehr zurückgehen würde.
Krill ernährt sich hauptsächlich von Phytoplankton, mikroskopisch kleinen Pflanzenorganismen, die im Wasser vorkommen.

Krill, der zum Zooplankton gehört, bildet sehr dichte Schwärme von Millionen von Individuen in den oberen Schichten des Südlichen Ozeans, sie können eine Fläche von 400 Quadratkilometer erreichen.

ROBBEN

In den antarktischen Gewässern kommen sieben Robbenarten vor, die sich einer der beiden Familien zuordnen lassen: Hundsrobben und Ohrenrobben. Ohrenrobben unterscheiden sich von ihren Verwandten durch die Ohren: Sie haben eine Ohrmuschel, im Gegensatz zu Hundsrobben.

Wie alle Eisschelfe hat auch das Ross-Schelfeis nahezu vertikal abgetrennte Fronten, die mehrere Dutzend Meter hoch sind.

Hundsrobben(1) sind an Land weniger flink als Ohrenrobben(2), sie benutzen ihre Hinterbeine nicht und kriechen, wohingegen Ohrenrobben laufen können.

WEDDELLROBBE

Diese Robbe verdankt ihren Namen dem englischen Entdecker James Weddell, der sie als Erster beschrieb und somit für das Sammeln von Robbenfellen in den frühen 1820er-Jahren in den entlegenen Gewässern verantwortlich war.

SEELEOPARD

Sein geflecktes Fell und sein Ruf als Raubtier sind der Ursprung seines Namens. Er hat einen kräftigen Kiefer und ernährt sich von Krill, von Jungtieren anderer Robbenarten, aber auch von Pinguinen.

KRABBENFRESSER

Trotz seines Namens sind seine Zähne nicht geeignet, den Panzer* von Krabben zu durchbohren, andererseits kann er mit ihnen Wasser filtern und Krill zurückhalten, von dem er sich fast ausschließlich ernährt.

Nachdem er Adélieland entdeckt hatte, sah d'Urville eine Brigg * von Wilkes' Expedition und setzte das Großsegel, um Wilkes einzuholen.
Der junge Leutnant von Wilkes' Expedition missverstand das Manöver als Flucht.
Beide Kommandanten fühlten sich beleidigt und setzten ihre Reise getrennt und verärgert fort.

D'URVILLE, WILKES UND ROSS

Erst Ende der 1830er-Jahre fuhren drei Expeditionen an einer eisbedeckten Küstenlinie entlang, die den Besatzungsmitgliedern lang genug zu sein schien, um zu einem Kontinent gehören zu können.
Unter dem Kommando des französischen Offiziers Jules Dumont d'Urville, des britischen Kapitäns James Clark Ross und des Amerikaners Charles Wilkes sollten diese Expeditionen auf Erkundungsreise gehen und kartografieren, aber auch den magnetischen Südpol * finden.

Die Expedition unter der Leitung von James Clark Ross, der den magnetischen Nordpol bereits einige Jahre zuvor geortet hatte, zielte darauf ab, die Position des magnetischen Südpols* zu bestimmen.

Von Ross wurde behauptet, er sei sehr gut aussehend und der attraktivste Mann der britischen Marine.

1840 landete d'Urville mit den beiden Korvetten* *L'astrolabe* und *La Zélée* an einem unbekannten Fleck Erde, wo Kolonien von Pinguinen lebten, die etwa 70 Zentimeter groß und 5 Kilo schwer waren. Sowohl das Land als auch die Pinguine wurden zu Ehren der Frau des französischen Offiziers Adélie genannt.

Seine beiden Schiffe, *Erebus* und *Terror*, waren Namensgeber für zwei Berge auf der Ross-Insel. Ross entdeckte auch das Ross-Schelfeis, das Rossmeer sowie Viktorialand im Jahr 1841.

Adeliepinguine sind die zahlreichsten in der Antarktis, aber ihre Population nimmt aufgrund der globalen Erwärmung ab.

VÖGEL

Seeschwalben, Raubmöwen, Sturmvögel, Pinguine ...
Von den etwa 40 Vogelarten in der Antarktis brüten einige im Sommer an den Küsten und auf den Inseln vor dem Festland. Nur sehr wenige Arten verbringen dort das ganze Jahr, die übrigen suchen zum Überwintern gemäßigtere Regionen auf.
Schneesturmvögel[1] sind vollkommen weiß und verschmelzen optisch mit dem Packeis, im Gegensatz zu den braun-weißen Sturmvögeln[2]. Neben den Pinguinen sind die Südpolarskuas[3] die Vögel, die am weitesten nach Süden ziehen.
Die meisten Vögel ernähren sich hauptsächlich von Krill. Manche jedoch, nämlich Raubmöwen, erbeuten Pinguineier, um sie zu fressen.

3.

Raubmöwen halten die Antarktis sauber, da sich diese Aasfresser auch von Tierresten ernähren.

PINGUINE

Pinguine sind mit ihren 18 Arten die typischsten Vögel der antarktischen Fauna. Nur der Kaiserpinguin[2] brütet im Winter auf dem Packeis. Der Adeliepinguin[4] verbringt den Winter auf dem Meer und kehrt an Land zurück, um auf felsigem Boden in großen Kolonien in der Nähe von Zügelpinguinen[3] und Eselspinguinen zu nisten.

Der Königspinguin[1] wird oft mit dem Kaiserpinguin verwechselt, dem größten unter den Pinguinen.

1.

Auch wenn einige Pinguinarten in der Antarktis nicht vorkommen und in den gemäßigten Regionen der südlichen Hemisphäre leben, profitieren sie dennoch von den kühlen Strömungen aus der Antarktis.

WALE

Hierbei handelt es sich um große Meeressäuger der Ordnung Cetacea, wobei zwischen Bartenwalen (Unterordnung Mysticeti) und Zahnwalen (Unterordnung Odontoceti) unterschieden wird. Barten sind große, mit Haaren bedeckte Hornplatten, die wie ein Filter Nahrung bis zu einer Größe von Plankton* auffangen und Wasser durchlassen. Die Rückenflosse ist je nach Art mehr oder weniger entwickelt, und manche haben keine.

Die große (im Gegensatz zu Fischen) horizontale Schwanzflosse ist der Motor der Wale: Sie treibt sie nach vorne.

Wenn das Wasser braun oder grün ist, liegt das an den Algen. Es gibt mehrere Hundert Algenarten, vor allem Phytoplankton. Einige sind in der Lage, unter dem Eis zu leben.

Diese beeindruckende Wolke ist nicht das Blut eines verletzten Wals, sondern ein Schwarm Krill. Diese Krebstiere haben einen fast transparenten Körper mit roten Punkten, und sie bilden Schwärme, die so kompakt sind, dass das Wasser farbig erscheint. Das Aufspüren von rosa Wasser ist daher eine Möglichkeit, Wale zu finden, denn Krill ist ihre Lieblingsspeise: Sie können täglich mehrere Tonnen davon essen.

EISFISCHE

In den eisigen Gewässern der Antarktis (die bei ca. –2 °C gefrieren) lebt eine ganz besondere Fischfamilie: Eisfische. Ihr Blut ist transparent, weil ihm das Hämoglobin fehlt, das Bluteiweiß, das dem Blut sonst die rote Farbe verleiht, und es enthält ein spezielles Frostschutzprotein!

DIE ERSTEN EXPEDITIONEN

1520 entdeckt Ferdinand Magellan die Magellanstraße bei 54° Süd.
1615 umsegeln Jacob Le Maire und Willem Schouten als erste Männer Kap Hoorn.
1642 entdeckt Abel Tasman Tasmanien und die Westküste Neuseelands.
1739 Jean-Baptiste Charles Bouvet de Lozier entdeckt die Bouvetinsel.
1771–1772 Die erste französische Antarktisexpedition unter der Leitung von Yves Joseph de Kerguelen de Trémarec entdeckt den Kerguelen-Archipel.
1772–1775 James Cook umrundet die Antarktis, überquert mehrere Male den Polarkreis und fährt bis 71° 10' nach Süden.
1819 entdeckt William Smith die Südlichen Shetlandinseln.
1819–1821 Fabian Gottlieb von Bellingshausen rückt auf 69° 21' 28" Süd vor und sieht die Antarktis. Er entdeckt die Peter-I.-Insel und die Alexander-I.-Insel.
1820 sehen Edward Bransfield und William Smith am 30. Januar die antarktische Halbinsel und nennen sie die Trinity-Halbinsel.
1821 George Powell und Nathaniel Palmer, zwei Robbenfänger, entdecken die Südlichen Orkneyinseln.
1821 behauptet John Davis, an den Ufern der Hughes-Bucht gelandet zu sein und ist somit der erste Mensch, der den Kontinent betritt.
1823–1824 James Weddell entdeckt das Weddell-Meer und erreicht 74° 15' südlich.
1831–1832 entdeckt und tauft John Biscoe Enderbyland, Grahamland und die Adelaide- und Biscoe-Inseln.
1838–1839 entdeckt John Balleny die Balleny-Inseln.
1837–1840 entdeckt Jules Dumont d'Urville Adélieland und landet am 22. Januar 1840 auf einer kleinen Insel namens Rocher du Débarquement.
1838–1842 Charles Wilkes entdeckt 1840 Wilkesland.
1839–1843 entdeckt James Clark Ross Viktorialand; er landet auf Possession Island und erreicht das Ross-Schelfeis.
1892–1893 Die erste norwegische Expedition unter der Leitung von Carl Anton Larsen landet auf der Seymour-Insel, nahe der antarktischen Halbinsel, und nimmt dort fossile Proben.

SÜDAMERIKA
Magellanstrasse
1821
Wostok – Bellingsha

0°
AFRIKA
BOUVETINSEL
ANTARKTISCHE KONVERGENZ
POLARKREIS
EORGIEN
LICHE
KNEYINSELN
1823
Jane ~ Weddell
ÜDLICHE
HETLAND-
NSELN
SEYMOUR-
INSEL
ALEXANDER-I.-
INSEL
PETER-I.-
NSEL
SÜDPOL
1772-1775
Resolution ~ Cook
KERGUELEN-ARCHIPEL
1840
Vincennes ~ Wilkes
ROCHER
DU DÉBARQUEMENT
BALLENY-INSELN
1841
Erebus ~ Ross
1840
Astrolabe ~ d'Urville
AUSTRALIEN
NEUSEELAND
TASMANIEN
180°

DER ERSTE WINTER

Der Winter in der Antarktis ist sehr hart. Es ist dort sechs Monate lang dunkel! Die ersten Männer, die diese Erfahrung machten, waren die Seeleute und Wissenschaftler der *Belgica*, die zwischen 1897 und 1899 unter dem Kommando von Adrien De Gerlache stand.
Als das Boot durch das Eis fuhr, änderte der Wind plötzlich die Richtung und die *Belgica* wurde vom Packeis eingeschlossen. Infolgedessen war die Besatzung im Eis gefangen und konnte sich erst 13 Monate später befreien.

Unter den Besatzungsmitgliedern befand sich auch der junge Roald Amundsen. Er sollte später als erster Mensch den Südpol erreichen.

Das größte Landtier der Antarktis misst … 2 bis 6 Millimeter! Es ist ein Insekt namens Belgica antarctica, *weil es bei dieser Expedition entdeckt wurde.*

KAP ADARE

Die erste Expedition, die auf antarktischem Boden überwinterte, wurde 1899 von dem Norweger Carsten Borchgrevink am Kap Adare angeführt. Neben einer Pinguinkolonie wurde ein Basislager errichtet, ehe zehn Männer mit Hunden, Ausrüstung und Proviant anlandeten, um dort den Winter unter schwierigen Lebensbedingungen zu verbringen.

98 % der Oberfläche der Antarktis sind von der Polarkappe bedeckt. Sie ist etwa 4700 Meter dick.

SASTRUGI

Im Inneren des Kontinents ist der Wind weniger stark als an den Küsten, aber er weht oft über lange Zeit in die gleiche Richtung, was zur Bildung von scharfkantigen, festen Schneewellen führt, die als Sastrugi bezeichnet werden.

DAS KLIMA

Die Antarktis ist die kälteste Region auf dem Planeten. Die niedrigste Temperatur, die je auf der Erde gemessen wurde, betrug –89 °C an der russischen Wostok-Station.
Es ist auch die trockenste Region, eine Eiswüste: Im Inneren des Kontinents regnet es seltener als in der Sahara! Einige ihrer Berge sind höher als 4000 Meter.
Winde, die von den Gipfeln herabströmen, die sogenannten katabatischen Winde, fegen mit großer Kraft zu den Küsten.
Sie können über 300 Stundenkilometer erreichen und schwere Schneestürme verursachen.

DAS WETTRENNEN ZUM POL

Das Erreichen des Südpols forderte drei Teilnehmer zu einem regelrechten Wettbewerb heraus. Ernest Shackleton war der Erste, der es versuchte. Am 9. Januar 1909 erreichte er den Rekordbreitengrad von 88° 23' Süd (nur 180 Kilometer vom Pol entfernt), musste aber wegen fehlender Vorräte umkehren. So gab er den Weg frei für den Engländer Robert Falcon Scott und den Norweger Roald Amundsen, die zu einem legendären Wettlauf antraten.

Bei sehr großer Kälte sind Hände und Füße die ersten Gliedmaßen, die erfrieren.

Hunde waren der große Trumpf der Amundsen-Expedition und sie bewiesen, dass sie die besten Partner beim Schlittenziehen waren. Heutzutage sind sie jedoch in der Antarktis verboten, ebenso wie alle anderen Tierarten, die nicht auf dem Kontinent heimisch sind, um das empfindliche Ökosystem zu schützen.

Scotts Terra-Nova-Expedition war wissenschaftlicher als die von Amundsen, der sich ganz auf sein Ziel konzentrierte, den Pol schnell zu erreichen. Die norwegische Expedition, deren Organisation als musterhaft galt, kam so am 14. Dezember 1911 zuerst an, gefolgt von Scotts 34 Tage später.

»Für eine wissenschaftliche und geografische Organisation, gib mir Scott; für eine Winterreise, Wilson; für ein Pole-Rennen und sonst nichts, Amundsen; aber wenn ich in der Höhle des Teufels bin und ich lebend rauskommen will, gib mir auf jeden Fall Shackleton!«
Apsley Cherry-Garrard, Teilnehmer der Terra-Nova-Expedition

HUNDE ODER PONYS?

Scotts verhängnisvoller Fehler war es, zum Schlittenziehen auf die an sibirische Kälte gewöhnten mandschurischen Ponys zu setzen. Die Ponys, die schwerer als Hunde sind, sanken im Schnee ein. Außerdem waren die Hunde widerstandsfähiger gegen Kälte, weil sie über die Zunge schwitzen, wohingegen das Fell der Ponys, die am ganzen Körper schwitzen, schnell gefroren war. Keines der Ponys überlebte, und die Männer mussten die Schlitten früher als erwartet selbst ziehen.

Am 17. Januar 1912 erreichten Robert Falcon Scott und vier Begleiter den Südpol. Als sie die norwegische Flagge wehen sahen, erkannten sie, dass sie zu spät kamen. Die Rückreise war tragisch; überwältigt von Hunger, Skorbut* und Kälte, vom Schneesturm aufgehalten, schafften sie es nicht bis zum Basislager und kamen alle um.

DAS HELDENZEITALTER

24. Januar 1895 landen mit einem Ruderboot des Schiffes *Antartic* Leonard Kristensen, Henryk Bull, Carsten Borchgrevink und Alexander von Tunzelmann und betreten offiziell den Kontinent am Kap Adare.
1897–1899 Die *Belgica*, unter dem Kommando von Adrien De Gerlache, wird im Eis eingeschlossen und zum ersten Mal erleben Menschen den antarktischen Winter.
1898–1900 Die Southern-Cross-Expedition von Carsten Borchgrevink errichtet am Kap Adare ein Lager mit zwei Hütten (die ersten Gebäude des Kontinents) und verbringt dort den Winter.
1901–1904 Die Discovery-Expedition unter der Leitung von Robert Falcon Scott erreicht den Breitengrad 82° 17' Süd am 30. Dezember 1902. Der Entdecker unternimmt auch den ersten Flug über die Antarktis an Bord eines Beobachtungsballons.
1901–1903 Die Gauß-Expedition (die erste deutsche Expedition) unter dem Kommando von Erich von Drygalski, entdeckt das Kaiser-Wilhelm-II.-Land.
1907–1909 Die Nimrod-Expedition von Ernest Shackleton erreicht den Rekordbreitengrad 88° 23' Süd.
1910–1912 Die Amundsen-Expedition erreicht am 14. Dezember 1911 als erste Expedition den Südpol (90° Süd).
1910–1913 Die Terra-Nova-Expedition unter Robert Falcon Scott gelangt am 17. Januar 1912 zum Südpol.
1914–1917 Die Langzeitexpedition, angeführt von Ernest Shackleton, soll den Kontinent durchqueren, aber das Schiff wird eingeschlossen und im Eis zerquetscht.
Die Besatzung überlebt nach vielen Monaten im Zelt auf der Eisscholle und im Kanu auf dem tobenden Meer durch eine Reihe von Heldentaten.
1921–1922 Die Quest-Expedition unter der Leitung von Ernest Shackleton, der während der Reise starb, markierte das Ende des Heldenzeitalters der Antarktisforschung.

SÜDGEORGIEN
SÜDLICHE ORKNEYINSELN
KÖNIG-GEORG-INSEL
FALKLANDINSELN
SÜDLICHE SHETLAND-INSELN
FEUER-LAND
Drakestrasse
1914-1916
Endurance ~ Shackleton
1898-1899
Belgica ~ De Gerlache
PETER-I-INSEL
AMUNDSEN-SEE
ANTARKTISCHE KONVERGENZ

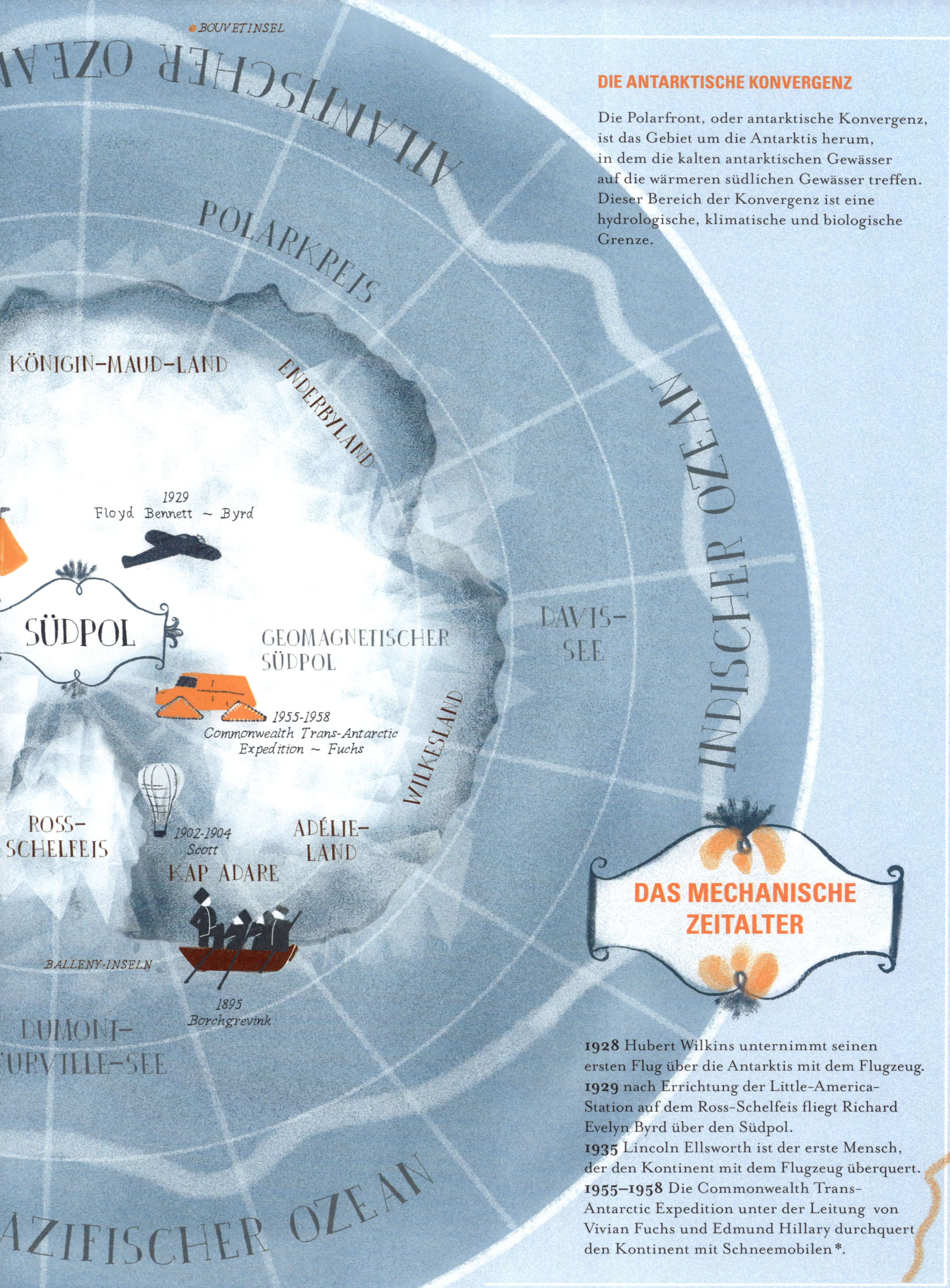

DIE ANTARKTISCHE KONVERGENZ

Die Polarfront, oder antarktische Konvergenz, ist das Gebiet um die Antarktis herum, in dem die kalten antarktischen Gewässer auf die wärmeren südlichen Gewässer treffen. Dieser Bereich der Konvergenz ist eine hydrologische, klimatische und biologische Grenze.

DAS MECHANISCHE ZEITALTER

1928 Hubert Wilkins unternimmt seinen ersten Flug über die Antarktis mit dem Flugzeug.
1929 nach Errichtung der Little-America-Station auf dem Ross-Schelfeis fliegt Richard Evelyn Byrd über den Südpol.
1935 Lincoln Ellsworth ist der erste Mensch, der den Kontinent mit dem Flugzeug überquert.
1955–1958 Die Commonwealth Trans-Antarctic Expedition unter der Leitung von Vivian Fuchs und Edmund Hillary durchquert den Kontinent mit Schneemobilen*.

EXPEDITIONEN AUS DER LUFT

Nach dem Ersten Weltkrieg beanspruchten mehrere Länder aus wirtschaftlichen und politischen Gründen einen Teil der Antarktis.
Sie begründeten ihren Anspruch beispielsweise mit der behaupteten Entdeckung eines Gebietes oder ihrer geografischen Nähe. Das Zeitalter von Luftfahrt und Mechanik brach an. Expeditionen mit dem Flugzeug ermöglichten es, neue geografische Karten zu erstellen, die die meisten Küsten und bisher unbekannte Gebiete detailliert darstellten. Die Entdecker profitierten von den modernsten technologischen Mitteln, von Flugzeugen und Hubschraubern bis hin zu Zugmaschinen, von Luftaufnahmen bis hin zum Funkverkehr.

Die Station Little America war der Ausgangspunkt von Richard Byrds Expedition in den Jahren 1928 bis 1929. Als er 1933 zurückkehrte, war sie unter einer dicken Schneedecke begraben, konnte aber in der Nähe wieder aufgebaut werden (Little America II).

ENTFERNUNGEN AUF DEM EIS BESTIMMEN

Aufgrund der geringen Staub- und Feuchtigkeitsentwicklung in der Luft ist die Sicht in der Antarktis oft sehr gut. So kann das, was nah erscheint, tatsächlich viel weiter entfernt sein, und um eine Entfernung richtig einzuschätzen, ist es besser, die eigenen Schätzungen mit 5 oder 6 zu multiplizieren!

In der Antarktis sind das Polarlicht* und andere, weniger bekannte Lichtphänomene zu beobachten: Eine **Nebensonne** auch »Sonnenhund« genannt, ist ein optischer Effekt. Er wird durch die Brechung des Sonnenlichts in den in der Luft schwebenden Eiskristallen verursacht und erzeugt auf beiden Seiten der Sonne Reflexionen am Himmel. Ein **Nebenmond** ist das gleiche Phänomen, aber mit dem Mondlicht und dessen Bild.

Mit drei Besatzungsmitgliedern flog der amerikanische Pilot Richard Evelyn Byrd am 29. November 1929 mit einer dreimotorigen Maschine, der *Floyd Bennett*, über den Südpol. Er startete von der Little America Basis unweit der Bucht der Wale. Während dieses gefährlichen Fluges musste er einen Teil der Lebensmittel abwerfen, damit das Flugzeug leichter wird und an Höhe gewinnt. Aber er erreichte den Pol innerhalb von zehn Stunden und warf, ohne zu landen, eine amerikanische Flagge auf den Boden.

DIE FUCHS-HILLARY-EXPEDITION

Nun musste der Kontinent nur noch von einem zum anderen Ende durchquert werden.
1957 startete das Team von Vivian Fuchs mit Schneemobilen und Zugmaschinen vom Weddell-Meer und das Team von Edmund Hillary vom Rossmeer (um Versorgungsstationen auf der Route für Fuchs einzurichten).
Sie trafen sich am Pol und maßen dort die Dicke der Polarkappe. Dann folgte Fuchs der von Hillary gekennzeichneten Straße, um die erste Landüberquerung in 99 Tagen abzuschließen.

GEOLOGIE *

Ein Großteil der Geschichte der Antarktis liegt unter dem Eis und in den Felsen verborgen.
Dank geologischer Studien kam man zu der Erkenntnis, dass der Kontinent einst Teil eines viel größeren Landes mit warmem Klima war.

Auch wenn sie sich erfolgreich über mehr als 60 Millionen Jahre dem Klimawandel angepasst haben, könnten Pinguine durchaus viel größere Schwierigkeiten haben, die derzeitige Zunahme globaler Erwärmung zu überstehen.

DIE EISKAPPE UND DIE GLAZIOLOGIE

Die antarktische Eiskappe ist das größte Süßwasserreservoir der Welt (70 %) und schmilzt durch die globale Erwärmung immer weiter. Wenn sie vollständig schmelzen würde, würde der Meeresspiegel erheblich ansteigen und zahlreiche Länder überfluten. Glaziologen* untersuchen die Eiskappe, um ihr zukünftiges Verhalten abzuschätzen und ihren Einfluss auf das Klima zu erfassen.

Einige glaubten, genau wie der Schriftsteller H. P. Lovecraft, dass sonderbare Wesen in dieser dicken Schicht aus mehrjährigem Eis gefangen seien.

DAS GEOPHYSIKALISCHE JAHR

Anlässlich des Internationalen Geophysikalischen Jahres 1957–1958 setzten sich mehrere Länder – die UdSSR, die Vereinigten Staaten, Belgien, Frankreich, Großbritannien, Chile, Argentinien, Neuseeland, Norwegen, Südafrika, Japan und Australien – zum Ziel, die Antarktis zu untersuchen und Forschungsstationen zu errichten. Der Erfolg dieser beispiellosen wissenschaftlichen Zusammenarbeit veranlasste diese Staaten 1959, den Antarktis-Vertrag zu unterzeichnen, der die Gebietsansprüche südlich des 60. Breitengrades einfriert und für den Kontinent eine friedliche Nutzung bestimmt.
Seitdem bietet die Antarktis ein einzigartiges Labor für Wissenschaftler, die dort völlig frei ihren Forschungen nachgehen können.

DAS MEEREIS UND DIE MEERESSTRÖMUNGEN

Im Juli und August, den kältesten Monaten des Winters auf der Südhalbkugel (dort verkehren sich die Jahreszeiten) erreicht das Meereis seine maximale Größe. Während es gefriert, gibt das Meerwasser Salz in das sehr kalte Wasser unter dem Packeis ab, wodurch es an Dichte zunimmt und in die Tiefe absinkt. Diese vertikale Strömung sorgt für die Bewegung des Ozeans.

Der antarktische Zirkumpolarstrom*, der den Kontinent umgibt, ist die mächtigste Meeresströmung der Erde.
Er spielt eine wesentliche Rolle in der globalen Ozeanzirkulation und somit in der Regulierung des Weltklimas.

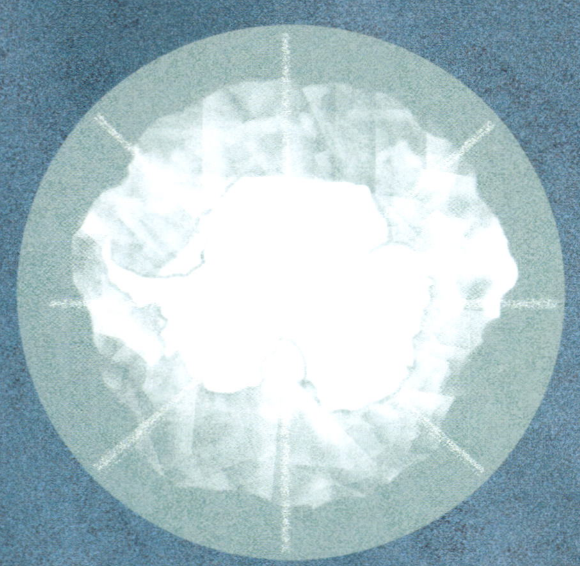

ANTARKTISCHE HALBINSEL

GRAHAMLAND

PALMERLAND

FILCH- RONNE- SCHELFEIS

BELLINGSHAUSEN-SEE

MOUNT TYREE 4852 METER

MOUNT VINSON 4897 MET

AMUNDSENSEE

1987, als der Eisberg B-9 (5390 Quadratkilometer, 51 Mal größer als Paris) sich von Ross-Schelfeis löste, nahm er die Station Little America mit.
Den Größenrekord hält der Eisberg B-15, aus dem Jahr 2000, ein Riese von 11.000 Quadratkilometern!

0°
HALLEY-STATION
BELGRANO-STATION
AMUNDSEN-SCOTT-STATION
SÜDPOL
WOSTOK-
STATION
-89°C
MOUNT
MARKHAM
4351 METER
MOUNT
KIRKPATRICK
4528 METER
MCMURDO-STATION
CONCORDIA-STATION
ROSS-SCHELFEIS
ROSSMEER
MARIO-ZUCCHELLI-STATION
MAGNETISCHER
SÜDPOL
180°

Otto Nordenskjöld fand 1903 versteinerte Pinguinknochen auf der Seymour-Insel.

SUBGLAZIALE SEEN

Auch heute gibt es noch einiges unter der Polarkappe zu entdecken, wie zum Beispiel subglaziale Seen. Subglazial bedeutet »unter dem Eis«. Der Wostoksee liegt unter einer 4 Kilometer dicken Eisschicht, unterhalb der russischen Forschungsstation, nach der er benannt ist. Es ist der größte bislang bekannte subglaziale See.

DIE UNTERSUCHUNG DER VERGANGENHEIT

Die Tiere der Antarktis mussten sich weiterentwickeln, um die niedrigen Temperaturen zu überstehen. In den Gliedmaßen ist der Blutkreislauf weniger ausgeprägt, sodass sie anfälliger für Erfrierungen sind. Um den Wärmeverlust gering zu halten, haben Robben und Pinguine einen kräftigen Körper und kurze Extremitäten, die ihrer Bewegung an Land einen unbeholfenen Eindruck verleihen. Hierdurch verringert sich die Oberfläche, über die sie Wärme in der kalten Außenluft verlieren. Eine dicke Fettschicht unter der Haut dient als Wärmeisolierung.

Heute weiß man, dass Vögel die Nachkommen von Dinosauriern sind.

PANGAEA-THEORIE

Spuren von Pflanzen und Tieren belegen, dass die Antarktis einst ein warmes Land war, das weiter nördlich lag. Das Vorkommen der gleichen Fossilien auf verschiedenen Kontinenten zeigt, dass diese Landmassen Pangaea bildeten, einen einzigartigen Superkontinent, auf dem sich die Tiere ausbreiten konnten. Gondwana löste sich dann von Pangaea, wie Pflanzen- und Tierfossilien belegen, die nur auf der Südhalbkugel zu finden sind. Dann zerfiel wiederum Gondwana, wodurch die Kontinente der südlichen Hemisphäre entstanden.

Der von Otto Nordenskjöld entdeckte Pinguin war ein Vorfahre des Pinguins, den wir heute kennen, viel größer und schlanker, weil er in einem warmen Klima lebte.

METEORITEN

Meteoriten sind Gesteinsfragmente aus dem All, die die Atmosphäre durchquert und auf die Erdoberfläche aufgeschlagen sind. Sie sind sehr hilfreich, um den Ursprung und die Entwicklung des Sonnensystems zu verstehen.
Es gibt mehrere Gebiete mit Meteoritenansammlungen in der Antarktis, wo sie inmitten der riesigen weißen Fläche leicht auszumachen sind. Nur in diesen Eisfeldern sind Meteoriten zu finden, die vor Hunderttausenden von Jahren heruntergefallen und noch immer intakt sind, denn das Innere des Kontinents ist fast frei von der Hauptursache für Erosion*: Wasser.
In der Antarktis wurde der erste Meteorit 1912 in der Nähe von Adélieland durch die Expedition des Australiers Douglas Mawson entdeckt.

DIE ENTWICKLUNG DER PINGUINE

Die Flügel der Pinguine haben sich zu kraftvollen Flossen entwickelt, die hohe Dichte ihrer Knochen verschafft ihnen das nötige Gewicht zum Tauchen und ihre kurzen, dicken Beine dienen als Ruder im Wasser. Was den schwarz-weißen »Smoking« betrifft, so können sie sich damit im Meer tarnen: Er verschmilzt, von oben gesehen, mit dem dunklen Wasser und, von unten gesehen, mit dem Licht an der Oberfläche.

DER ANTARKTIS-VERTRAG UND DIE FORSCHUNG

Bis heute verbergen sich unter dem antarktischen Eis noch immer zahlreiche Geheimnisse. Wissenschaftler aus aller Welt (Geologen, Ozeanografen, Glaziologen, Klimatologen, Astrophysiker, Biologen ...) reisen dorthin, um diese Rätsel zu lösen und machen dieses Land zu einem riesigen Observatorium, einer großen Beobachtungsstation – zum Beispiel wurde 1985 das Ozonloch * dort entdeckt. 1959 unterschrieben die zwölf Länder, die am Internationalen Geophysikalischen Jahr teilnahmen, in Washington, D.C., den Antarktis-Vertrag.

Er legt fest, dass die Antarktis ein »Kontinent des Friedens und der Wissenschaft« sein soll. 1991 wurde das Protokoll zum Antarktis-Vertrag über den Umweltschutz, das sogenannte Madrider Protokoll, verabschiedet. Es gilt seit Januar 1998 und verbietet den Abbau von Bodenschätzen in der Antarktis für mindestens 50 Jahre. Es macht so den Kontinent und seine Ökosysteme zu einem Naturreservat, das heißt zu einem Naturschutzgebiet.

BARRIÈRE D'AMERY

DAVIS-SEE

GLOSSAR

Antarktischer Zirkumpolarstrom
Meeresströmung, die von starken Westwinden angetrieben wird und sich im Uhrzeigersinn um die Antarktis dreht.

Brigg
Kleines zweimastiges Segelboot (Groß- und Fockmast).

Erosion
Abtragung oder Abschleifung der Erdoberfläche, die hauptsächlich durch Fließgewässer verursacht wird.

Freibeuter
Seefahrer, der mit königlicher Erlaubnis auf Kaperfahrt geht, das heißt, feindliche Schiffe überfällt und plündert. Er unterscheidet sich vom Pirat, der alleine entscheidet, welches Schiff er entert.

Geografischer Südpol
Südlichster Punkt der Erdoberfläche, diametral gegenüber dem Nordpol, wo die Drehachse der Erde verläuft und sich die 360 Meridiane treffen. Nicht zu verwechseln mit dem magnetischen Südpol, der kein Fixpunkt ist.

Geologie
Wissenschaft von der Entstehung, Entwicklung und Struktur der Erdoberfläche und der Gesteine.

Glaziologen
Glaziologie ist die Wissenschaft von Eis und Schnee. Ein Glaziologe befasst sich mit Gletschern, Schelfeis oder Erdformen, die bei früheren Vereisungen entstanden.

Gletscher
Riesige Eismasse, die durch die Ansammlung und Verdichtung von Schneeschichten gebildet wird und unter dem Einfluss der Schwerkraft sehr langsam einen Hang hinabfließt.

Hemisphäre
ist die Erdhalbkugel. Es gibt eine Nord- und eine Südhemisphäre, aber auch eine West- und eine Osthemisphäre.

Hydrologisch
bedeutet »auf das Wasser bezogen«. Hydrologie ist die Wissenschaft, die sich mit dem Wasser über, auf und unter der Landoberfläche der Erde befasst.

Korvette
Kleines Kriegsschiff, meist mit drei Masten.

Magnetischer Südpol
Punkt, an dem alle Kraftlinien des Erdmagnetfeldes zusammenlaufen. Dies ist der Magnetpunkt, der durch die Kompassnadel angezeigt wird. Auch wenn er sich mitten in der Antarktis befindet, ändert sich seine Position im Laufe der Jahre, da das Magnetfeld nicht konstant ist.

Ökosystem
Gemeinschaft von Organismen, die in einer Umwelt leben und mit dieser Umwelt zusammenwirken. Alle Lebewesen in einem Ökosystem sind durch eine Nahrungskette miteinander verbunden.

Ozonloch
Abnahme der Ozonmenge in dem Teil der Atmosphäre, in dem sie hauptsächlich konzentriert ist, der Ozonschicht. Die Ozonschicht fängt die ultraviolette Strahlung der Sonne ab, die für das Leben auf der Erde schädlich ist. Aufgrund giftiger, durch den Menschen verursachter Gase nimmt das Ozon ab, genauso wie seine Schutzwirkung. Aber seit dem Verbot der schädlichen Gase scheint das riesige »Loch«, das jedes Frühjahr über der Antarktis entstand, kleiner zu werden.

Panzer
Harte Schale, die den Körper von Krebstieren oder Schildkröten schützt.

Plankton
Gruppe winziger Tier- (Zooplankton) und Pflanzenorganismen (Phytoplankton), die schwebend im Wasser leben und von der Strömung mitgeführt werden. Plankton ist die Nahrung zahlreicher Meerestiere.

Polarlicht
Eine Leuchterscheinung am Nachthimmel, in der Nähe der Polarkreise. Sie wird durch die Wechselwirkung von geladenen Teilchen (Protonen und Elektronen) solaren Ursprungs (Sonnenwind) mit der Ionosphäre der Erde (Atmosphäre zwischen 100 und 500 Kilometer über dem Meeresspiegel) verursacht.

Schelfeis
Große Eisplatte, die auf dem Meer treibt und die mindestens 2 Meter über den Meeresspiegel hinausragt. Meistens ist Schelfeis zwischen 200 und 1000 Meter dick.
Von seinen Rändern brechen oft ganze Eisberge ab.

Schneemobil
Fahrzeug, das mit Raupen (statt mit Reifen) ausgestattet ist.
Es übt bei gleichzeitig besserem Grip einen geringeren Druck auf den Untergrund aus und kann auf weniger stabilem Boden, wie beispielsweise schneebedecktem Gelände, fahren.

Skorbut
Schwere Krankheit, unter der Entdecker und Segler oft litten, weil sie keine ausreichende Ernährung hatten. Skorbut wird durch zu wenig Vitamin C verursacht.

Den Astronauten zufolge, die die Erde aus dem All beobachten, ist der charakteristischste Aspekt unseres Planeten die antarktische Polarkappe, die wie eine große weiße Laterne am Ende der Welt leuchtet …

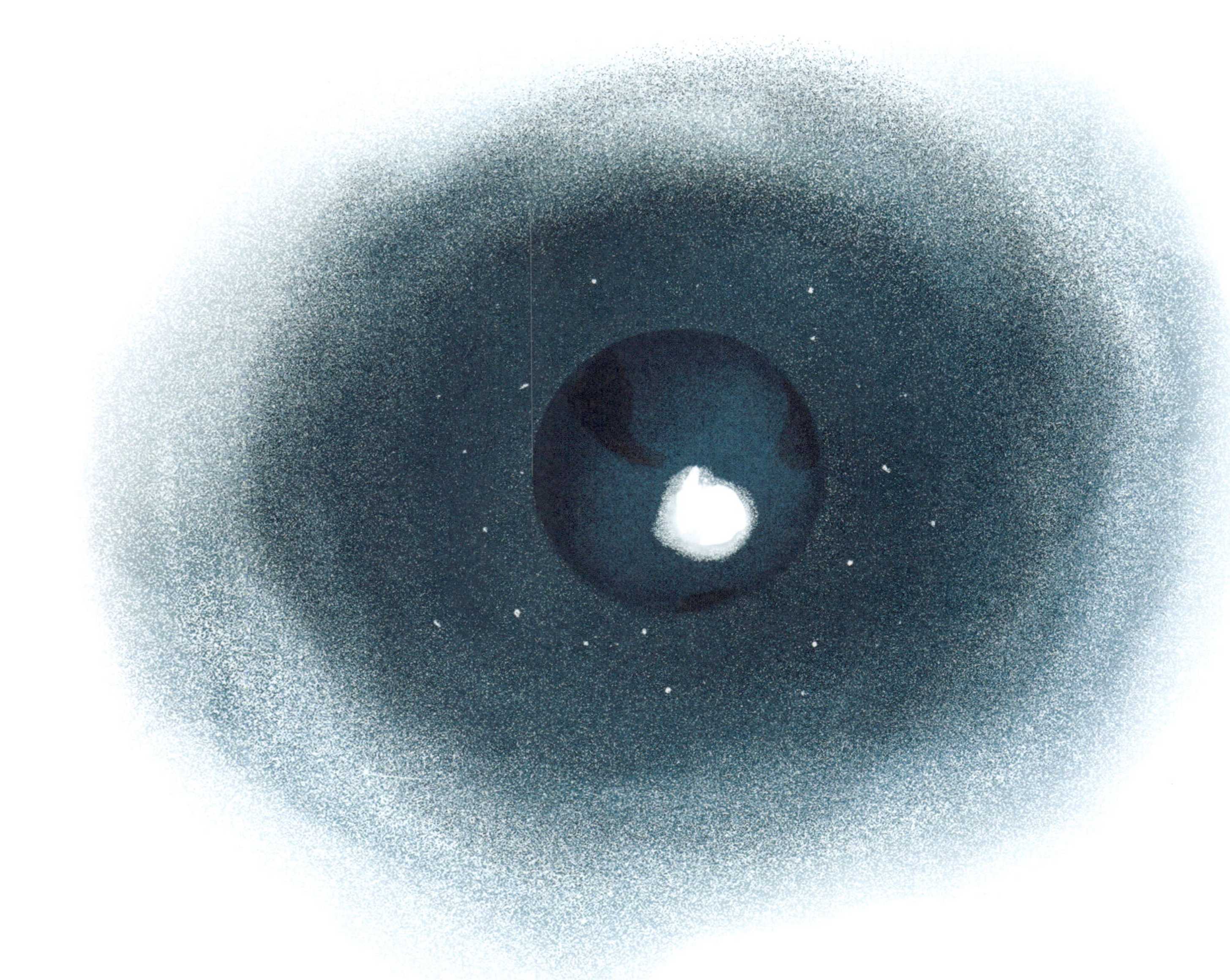

DANKSAGUNG

Mein Dank gilt dem Sportler Alessandro Da Lio und Dr. Nevio Pugliese, dem Direktor des Antarktis-Museums in Triest, der die Erinnerung an die großen Entdeckungsreisen wach hält.

IMPRESSUM

Dieses Buch ist Teil unseres Programms E. A. SEEMANNs BILDERBANDE. Es umfasst Bücher und Spiele, die Kindern mit viel Spaß die Welt der Kunst eröffnen: Malerei, Architektur und Kultur, Musik, Oper, Theater und Tanz. Die BILDERBANDE macht Bücher zum Rätseln, Malen, Entdecken und Kunstmachen, Geschichten zum Vorlesen und Spiele.

Mehr erfahren Sie auf www.seemanns-bilderbande.de, wo wir auch zum Thema »Kunst für Kinder« bloggen.
www.facebook.com/seemanns.bilderbande

Erstmals in Französisch publiziert unter dem Titel: »Antarctique, expéditions en terre inconnue«, © 2018, De La Martinière Jeunesse, ein Imprint von La Martinière Groupe, Paris

Projektmanagement: Caroline Keller, Iris Klein
Mitarbeit: Annika Dunau
Übersetzung: Stefanie Brägelmann, Erftstadt
Satz: Gudrun Hommers, Berlin
Druck und Bindung: Toppan Excel, China

Bibliografische Information der Deutschen Nationalbibliothek
Die Deutsche Nationalbibliothek verzeichnet diese Publikation in der Deutschen Nationalbibliografie; detaillierte bibliografische Daten sind im Internet über http://dnb.dnb.de abrufbar.

ISBN 978-3-86502-427-5